EXTRAIT DU MONITEUR DU 4 SEPTEMBRE 1860.

LE SOLDAT EN 1709.

NOUVEAUX DOCUMENTS SUR LA BATAILLE DE MALPLAQUET.

 L'INSTANT même où je recueillais mes souvenirs sur les deux grandes guerres qui ont fait reparaître la France dans tout l'éclat de ses vertus militaires, une heureuse découverte me causait une émotion profonde. Comme une voix qui, du tombeau, eût tout à coup répondu à ma voix, le témoignage d'un des miens, combattant oublié d'un autre siècle, m'apprenait par quels liens étroits sont unies les unes aux autres les générations guerrières de notre pays. J'ai retrouvé dans mes annales domestiques une lettre écrite le

13 septembre 1709, à quelques pas du champ de bataille de Malplaquet. Cette immense action, où se montrent pour la première fois ces masses appelées à figurer aujourd'hui dans tous les drames du canon, est racontée avec un patriotisme ardent et simple, qui semble dater d'hier, dans son expression et dans son esprit. Quoique l'auteur de la lettre dont il s'agit appartienne à la classe qui va bientôt trouver si cruel le sol où le meilleur sang de ses veines coule depuis tant d'années, pas un mot de ce document qui indique à quel membre de la famille sociale il est dû. C'est la lettre d'un soldat français. Le sentiment militaire, tel qu'il existe de nos jours, repoussant où, pour mieux dire, semblant ignorer avec une sorte d'altière candeur, toutes les préoccupations mesquines qui ont troublé et divisé tant d'âmes : voilà ce que respire cet écrit. Aussi ai-je pensé que je devais accueillir avec piété cette épave d'un temps disparu, et tacher de la porter à la lumière. Puis ce combattant de Malplaquet affirme, et en s'appuyant sur des gestes à la fois glorieux et ignorés, que ce jour considéré par nous, d'habitude, comme un jour de deuil, éclaira le triomphe, non pas le revers de nos armes. C'est une opinion qui à coup sûr mérite d'être discutée. Même en la rejetant, on ne pourra pas anéantir les faits qui sont ses fondements. Ces faits doivent appartenir à notre histoire. Je souhaite passionnément qu'ils soient sentis et compris par tous, comme je les ai compris et sentis moi-même, en retrouvant dans la place obscure où les a conservées un vouloir du destin, les paroles que je veux commenter ici.

N cette année 1709, où la France fit contre l'Europe conjurée un si héroïque effort, notre armée avait dans ses rangs quatre Molènes, appartenant à une vieille famille du Périgord, qui se croisa avec saint Louis, accompagna Charles d'Anjou dans son aventureuse expédition de Sicile, et qui a toujours compté jusqu'à présent quelqu'un de ses membres sous les drapeaux. Trois de ces Molènes prenaient part à la bataille de Malplaquet, où l'un d'eux était blessé d'un coup de sabre; le quatrième, lieutenant au régiment de la Fère, alors en congé dans son pays, recevait d'un de ses frères la lettre que j'ai retrouvée, et qui va peut-être me permettre de porter une lumière nouvelle sur un des plus grands faits de notre histoire.

IL y a dans le règne de Louis XIV un instant où l'on se sent agité et comme soulevé par les souffles que l'on rencontre à la fin d'un règne plus récent. Cette toute-puissante émotion mêlée d'orgueil, de tristesse et d'une anxiété étrange, puisqu'elle s'attache aux événements du passé, qui s'empare de nous aux récits de Montereau et de Montmirail, on l'éprouve au récit de Malplaquet.

EVIDEMMENT la France de 1709 est séparée par un profond et redoutable abîme de la France de 1814;

mais à un siècle de distance, un même spectacle s'offre à nos yeux, celui d'un grand monarque et d'un grand peuple s'unissant dans une même passion contre une même espèce terrible et navrante de périls. La France de Louis XIV, comme celle de Napoléon, offre l'image d'une figure couronnée et splendide, qui a le cœur traversé par un glaive. En la voyant ainsi dans sa majesté et dans sa pâleur, les arrière-enfants de cette mère douloureuse ressentent pour elle un redoublement d'amour et lui tendent les bras à travers le temps. De là tous ces bizarres mouvements de l'âme que nous éprouvons à certaines lectures ; ces pages auxquelles s'arrache, puis revient notre regard, à l'endroit où elles nous suspendent à quelque sanglante péripétie d'une irréparable action. On se prend à croire à quelque miracle. Si Grouchy allait paraître ? Si Blücher n'arrivait pas ? Lorsqu'on s'associe avec emportement à la narration solennelle, au rapport sévère et glacé de l'histoire, qu'éprouvera-t-on à la lecture d'un récit partial, familier, né des événements qu'il reproduit, animé de leur vie, brûlant encore de leur chaleur ? Et ce récit, avec quelle joie reconnaissante, avec quelle crédulité enthousiaste sera-t-on disposé à l'accueillir, si, répondant à ce qui nous semblait les plus extravagants de nos désirs, il vient donner à des faits réputés inflexibles par notre raison, le tour que leur souhaitait notre cœur ! Celui dont j'ai la lettre sous les yeux était convaincu que nous avions gagné la bataille de Malplaquet.

Je sais par l'union qu'il y a entre vous et moi, que vous ne serez pas fâché, mon cher frère, d'apprendre que je me suis heureusement sorti de la bataille qui vient d'être donnée. La Coste (nom distinctif d'un des Molènes) *n'a pas été aussi heureux, ayant reçu un coup de sabre à la tête; le petit de Molènes se porte bien. Notre régiment s'est distingué en cette occasion; les soldats disent qu'ils ont le champ de bataille et qu'ils ont gagné la bataille.* »

Ainsi s'exprime dans ses premiers épanchements avec sa famille, au sortir d'une action où lui et les siens ont fait leur devoir, un homme qui assurément saurait regarder la vérité en face aussi bien que l'ennemi. Demandons au témoin de cette lutte sur quoi repose l'opinion qu'il avance, il nous le dira; mais, avant de l'interroger, évoquons, tel que les documents connus nous le présentent, le fait qu'il va nous raconter à sa manière. L'accord de cette pièce nouvelle, avec ce qu'ont de plus authentique, de plus certain les pièces publiées déjà, en prouvera, j'espère, toute la validité.

Sur ce champ de bataille de Malplaquet, où deux cents bouches à feu parlèrent en même temps, la France se montra sous un aspect jusqu'alors inconnu à ses ennemis.

Ce n'était plus seulement une partie de sa noblesse, la fleur toujours renaissante de ses familles guerrières, qui la représentait en ces lieux où elle allait tenter un suprême effort. Son sol envahi semblait s'être entr'ouvert pour laisser sortir une race nouvelle. Cet immense chœur qui dans la tragédie d'une époque ardente jouera bientôt un si grand rôle, qui par instants même noiera dans son ombre et étouffera sous ses accents la figure et la voix des personnages les plus illustres, fait son apparition à Malplaquet, aux yeux de l'Europe effrayée. Regardez ces masses profondes d'infanterie où vont s'enfouir tout à l'heure les boulets de Marlborough et du prince Eugène; elles renferment déjà l'âme et le sang qui sur cette série de champs de bataille, dont quelques-uns sont tièdes encore, doit accomplir tant de merveilles. Ainsi, de l'aveu de tous les contemporains, de Saint-Simon lui-même, qui jugeait de loin les faits de guerre et avec son habituelle amertume, la journée du 11 septembre 1709 laissa chez nos ennemis une impression profonde. Ils comprirent qu'en s'attaquant à un souverain ils venaient de se heurter contre un peuple. « Ils avouèrent tout haut (c'est Saint-Simon qui parle) combien ils avaient été surpris de la valeur de la plupart de nos troupes..... et leurs principaux chefs ne se dissimulèrent pas qu'elles les auraient battus, si elles avaient été bien conduites. » — Le même écrivain dit aussi de quelle misère étaient rongés ces soldats qui venaient de se conduire si vaillamment. Voilà donc accouplés déjà ces deux noms, qu'on aura si souvent l'occasion de réunir : le soldat et la misère. La misère n'a point ralenti le pas, n'a point glacé le cœur de celui qui en fera gaiement, résolûment sa compagne; une compagne à la fois adoucie et domptée. Oui, l'armée française s'est montrée à Malplaquet sous ses traits aujourd'hui connus de tous. Là ce grand être collectif qu'on appelle le soldat, apparaît pour la première fois dans cette gloire touchante et familière qui jettera pour ses ennemis des éclairs si terribles. Le bon sens britannique comprit bien à quelle redoutable puissance se jouaient désormais nos adversaires. Malplaquet est la dernière des grandes actions où Marlborough ait figuré. C'est du reste maintenant que je veux citer et commenter la lettre de 1709. Celui qui l'écrivait n'est pas préoccupé d'un système historique ou social à défendre. S'il fait l'éloge de l'infanterie, ce n'est pas à coup sûr parce qu'il obéit à quelque divination des grandeurs populaires de cette arme. Mais, l'âme encore remplie des faits qui viennent de s'accomplir sous ses yeux, il veut rendre hommage à la vérité; à cette sanglante et sainte vérité du champ de bataille, bien souvent trahie quoique toute trahison envers elle soit un sacrilége. « *Jamais*, dit-il, *notre infanterie n'a marqué tant de fermeté, ni une pareille valeur; si je n'avais pas été témoin de ce qui s'est passé, j'aurais de la peine à le croire.* »

Il raconte alors, des braves gens dont il vient de partager le péril, un trait qui appartient au patrimoine de notre histoire. On sait qu'à Malplaquet, tandis que la gauche était sous les ordres de Villars, malheureusement blessé au commencement de l'action, la droite obéissait à Boufflers. Conduite par un homme qui n'avait pas à coup sûr le génie des Condé, ni des Turenne, mais qu'animait un esprit chevaleresque, et que dirigeait une loyale valeur, cette partie de notre armée pendant huit heures avait eu de continuels succès. Aussi la droite était-elle encore sur le champ de bataille maîtresse orgueilleuse et respectée du terrain qu'elle occupait, quand depuis une heure et demie la gauche s'était déjà retirée. « *Persuadés que la victoire était de leur côté, les soldats ne voulaient absolument pas quitter leur poste; pour les y obliger il ne fallut pas moins de six officiers généraux venant dire aux troupes qu'il fallait combattre ailleurs.* »

Telles sont les paroles dont se sert mon guide en cet incontestable récit. Le Molènes, que l'on vient d'entendre était à la droite. On fut donc obligé de leur dire qu'il fallait aller combattre ailleurs. J'avoue que sur le papier jauni où je les ai retrouvés, ces mots m'ont paru tout rayonnants malgré l'action desséchante du temps; ils m'ont semblé avoir cet humide éclat que l'enthousiasme donne parfois à nos yeux. Les livres ont leurs destinées, a dit jadis un poëte antique. Par malheur, les destinées, c'est-à-dire ces puissances capricieuses à qui semble parfois livrée toute une portion des choses terrestres, sévissent dans de plus hautes et plus pures régions que les régions mêmes de l'esprit. C'est quelque chose de meilleur et de plus digne qu'un trait de génie qui, sur le chemin de la postérité, est souvent balayé tout à coup par un souffle bizarre et malfaisant; c'est un trait de vertu. Voici un fait héroïque dont un hasard m'a fait retrouver la trace, mais qui n'existait pour personne hier, et auquel, aujourd'hui, j'ose à peine prédire cette vie de l'histoire dont je sens pourtant qu'il est digne. Ces soldats de Malplaquet, ne voulant point quitter leur poste, faisant leur chose de cette victoire qu'on leur enlève, s'opiniâtrant dans leur obscurité à retenir une gloire qui ne peut rayonner sur le nom d'aucun d'eux; ces soldats de Malplaquet méritent une place auprès des soldats de Waterloo. Pour ma part, je paye avec joie le tribut qui me semble dû à ces humbles et généreux pères de la patrie.

Embrassant du reste l'action tout entière, l'officier, dont le témoignage s'élève aujourd'hui, montre une lutte acharnée, soutenue sur chaque point du champ de bataille par les nôtres si inférieurs en nombre pourtant à leurs adversaires. L'ennemi avait, dit-il, quarante bataillons et trente escadrons de plus que nous. L'histoire confirme cette assertion. Même en considérant Malplaquet comme un revers, ce serait un revers glorieux pour nos armes, donnant au monde un héroïque spectacle. Là notre nation luttait seule contre un de ces formidables amas de peuples dont elle a plus d'une fois essuyé le choc. C'était, dans les rangs ennemis, une réunion de maintes races, commandées par deux capitaines servant deux maîtres différents : Marlborough et le prince Eugène. Si nous avons été vaincus, à qui revient l'honneur de la victoire? Voilà ce qu'on ne pourra jamais décider. Mais, je le répète, celui dont à mon insu peut-être je sens l'esprit envahir mes pensées, ne veut pas que nous ayons été vaincus.

A l'heure où je parle, écrit-il (ne sent-on pas comme une sorte de frisson à ce tour de phrase qui fait dresser devant nous le spectre d'une heure expirée depuis si longtemps), *à l'heure où je parle nos soldats sont si persuadés que cette victoire ne doit pas être attribuée aux ennemis, qu'on entend parler partout de l'envie qu'on a d'en revenir aux mains. Les ennemis conviennent de vingt-trois mille hommes hors de combat; quarante colonels; huit lieutenants généraux, vingt maréchaux de camp ou brigadiers; mais nous comptons que cela doit aller au delà..... On croit que nous allons marcher de leur côté dans deux ou trois jours, et je pense que la campagne ne finira pas que nous ne voyions encore quelque chose. Il est bien surprenant qu'une armée accusée d'avoir été vaincue, soit en état de rechercher son ennemi. On leur a pris soixante-sept drapeaux ou étendards. De notre infanterie, je ne sache que trois drapeaux de perdus..... La gauche s'est retirée avec tant d'ordre, qu'on n'a pas hasardé de les poursuivre un pas. Quant à nous, nous défilâmes devant trente escadrons, où M. le prince Eugène était en personne, sans qu'ils osassent tenter de nous attaquer.* »

On connaît à présent la bataille de Malplaquet, telle que l'a vue, telle qu'elle a affecté un de ses acteurs, sinon les plus illustres, du moins les plus passionnés. Tous les détails qu'on vient de lire sont d'accord avec des faits établis déjà; mais leur ensemble donne un aspect nouveau à la grande action dont ils font partie: « L'armée, après cette affaire, dit Saint-Simon, conserva un air d'audace et un désir d'en revenir aux mains, qui pensa être suivi d'effet. » Voilà une confirmation bien éclatante de la lettre que je viens de citer. Mais ce que Saint-Simon ne peut pas rendre, parce que cela seul appartenait aux combattants de cette journée, c'est l'origine ardente, c'est l'émouvante et noble cause de l'air audacieux qu'il constate. La bouche dont je viens de transcrire ces mots : « à l'heure où je parle, » est toute frémissante encore du souffle brûlant des champs de bataille; je suis persuadé qu'elle dit vrai, parce que la vérité, suivant moi, est d'ordinaire une force vive que font jaillir les puissantes émotions.

Je crois donc, avec celui que je viens de citer, avec son frère blessé, et persuadé que son sang coule pour une cause victorieuse, avec son régiment fier de s'être distingué, avec tous ses compagnons d'armes dont il traduit les impressions, que Malplaquet n'est pas une bataille perdue. En tous cas, j'ai livré ce que je possédais. J'ai rendu au trésor public ce qui ne devait pas rester égaré, suivant moi, dans le patrimoine d'un particulier. A d'autres maintenant d'apprécier la valeur de ces nouveaux éléments de notre histoire.

Le fait incontestable qu'établit, ou pour mieux dire, que confirme cette lettre retrouvée, c'est que l'esprit militaire, tel qu'il règne dans les armées de nos jours, est d'ancienne origine dans notre pays. On applique sans cesse le mot chevaleresque à l'âme des siècles passés ; j'aime cette expression ; je trouve qu'elle sonne bien et qu'elle rend de nobles idées. Mais elle ne s'applique qu'à un ordre de pensées qui, sans être assurément le privilège exclusif d'une caste, ne peut appartenir cependant qu'à un nombre d'hommes restreint, familiarisés par des habitudes acquises, sinon par des principes reçus, avec un même genre de vie. Il y aura toujours une chevalerie dans les armées de la France, et une chevalerie se recrutant partout ; venant des plus illustres, aussi bien que des plus humbles foyers. Un poëte a pu sans emphase appeler *preux* les soldats du Caire et du Kremlin. L'esprit chevaleresque, c'est cet enthousiasme de l'aventure, cette religion du péril que développe la guerre dans ceux que Dieu a créés pour elle et qu'elle a de longue main façonnés à ses vouloirs les plus impérieux. Mais l'esprit militaire, c'est la vertu dont sont possédées ces grandes masses qui constituent nos armées modernes, le jour même où le pays les appelle, où pour la première fois elles marchent au son du tambour, et sentent flotter au-dessus d'elles, les drapeaux. L'esprit militaire, c'est cet accord soudain, né d'un miracle particulier à notre sol, entre l'amour du pays, le goût des armes et l'intelligence des combats. Cette infanterie de Malplaquet composée de soldats enlevés à toutes les chaumières de la France, posant son pied pour la défendre avec une indomptable énergie, sur la terre qu'hier encore elle labourait; s'obstinant à combattre, à tomber, à mourir dans le sillon creusé au milieu d'elle par les boulets; cette infanterie précède dignement cette autre infanterie populaire qui pousse dans nos champs comme le blé et qui est la plus précieuse des richesses annuelles de notre pays!

Un hasard de ma vie m'a permis de visiter, il y a quelques jours, un champ de bataille qui a pris pour moi maintenant quelque chose du foyer domestique. Je me suis avancé avec une sorte de piété dans ces lieux qu'ont vus trois des miens à travers une fumée, au sein d'un mouvement et d'un bruit aujourd'hui disparus comme leurs regards. Malgré les reproches d'indifférence que les poëtes adressent sans cesse à la nature, les lieux me semblent garder, avec plus de fidélité même que nos âmes, la trace des émotions qui les ont traversées. A mon sens, du reste, ce fait s'expliquerait sans peine. Dans le drame qui a ce monde pour théâtre, un auteur divin met toujours, suivant moi, en harmonie les événements, les personnages et les décors. Comme je le disais récemment je crois, cette pensée qui depuis longtemps est la mienne, a saisi avec une force nouvelle mon esprit sur le champ de bataille de Solferino. C'est aux combinaisons d'un art merveilleux que me semblait dû ce paysage vaste et puissant, sillonné par ces hauteurs qu'escaladait la valeur entreprenante de nos soldats; et cette tour, à physionomie de spectre, cette tour si triste sous le ciel plein de soleil, où éclataient les vives et multiples couleurs de nos nouvelles bannières, cette tour d'où l'empereur d'Autriche voyait les progrès de notre victoire, croyez-vous que ce fût un accident fortuit et non pas un effet savant?

Pour en revenir à Malplaquet, c'est un lieu tout à fait propre à l'action solennelle qui s'y est accomplie. C'est une plaine que l'on pourrait appeler une immense clairière, car elle est presque de toutes parts enserrée par de grands bois. La forêt funeste qui masqua les mouvements de l'ennemi sur notre gauche trace encore à l'horizon une ligne noire. Les bois où s'appuya notre droite sont élevés et touffus, leur feuillage s'épanouit dans le ciel gris des Flandres avec une majestueuse ampleur. Ce paysage, dans son ensemble, a une grâce attristée et fière. Il a raison dans sa tristesse et dans sa fierté. Cette partie du sol français qu'ont foulée des pieds ennemis, a vu une de ces luttes inégales qui sont la gloire fatale de notre nation. Les prodiges qu'elle a portés sont restés sous un voile sanglant et funèbre ; voilà son droit à être triste. Mais elle a tressailli de l'élan qui a fait frémir plus tard le sol tout entier de notre patrie et l'a entr'ouvert pour ensevelir la foule armée de ses envahisseurs : voilà son droit à être fière.

PAUL DE MOLÈNES.

www.ingramcontent.com/pod-product-compliance
Lightning Source LLC
Chambersburg PA
CBHW060452050426
42451CB00014B/3285